BEI GRIN MACHT SICH IHR WISSEN BEZAHLT

AF135525

- Wir veröffentlichen Ihre Hausarbeit,
  Bachelor- und Masterarbeit

- Ihr eigenes eBook und Buch -
  weltweit in allen wichtigen Shops

- Verdienen Sie an jedem Verkauf

Jetzt bei www.GRIN.com hochladen und kostenlos publizieren

Legale Rahmenbedingungen der Elektromobilität in Deutschland und der EU

Tobias Nitsch

Bibliografische Information der Deutschen Nationalbibliothek:

Die Deutsche Nationalbibliothek verzeichnet diese Publikation in der Deutschen Nationalbibliografie; detaillierte bibliografische Daten sind im Internet über http://dnb.d-nb.de abrufbar.

ISBN: 9783346315083
Dieses Buch ist auch als E-Book erhältlich.

© GRIN Publishing GmbH
Nymphenburger Straße 86
80636 München

Druck und Bindung: Books on Demand GmbH, Norderstedt Germany
Gedruckt auf säurefreiem Papier aus verantwortungsvollen Quellen

Das Buch bei GRIN: https://www.grin.com/document/962746

UNIVERSITÄT MANNHEIM

LEGALE RAHMENBEDINGUNGEN DER ELEKTROMOBILITÄT
IN DEUTSCHLAND UND DER EU

—

LEGAL FRAMEWORK FOR ELECTROMOBILITY
IN GERMANY AND THE EU

Bachelorarbeit
von
TOBIAS NITSCH

31. Mai 2017

Vorgelegt am Lehrstuhl für Wirtschaftsinformatik II
Universität Mannheim

Inhaltsverzeichnis

Abbildungsverzeichnis

Abkürzungsverzeichnis

CO_2	Kohlenstoffdioxid
EmoG	Elektromobilitätsgesetz
et al.	und andere
etc.	und so weiter
EU	Europäische Union
g	Gramm
i.H.v.	in Höhe von
KFZ	Kraftfahrzeug
km	Kilometer
kWh	Kilowattstunde
NEPE	Nationaler Entwicklungsplan Elektromobilität
NPE	Nationale Plattform Elektromobilität
PKW	Personenkraftwagen
z.B.	zum Beispiel

1 Motivation und wissenschaftlicher Aufbau

Der Transportsektor ist europaweit für 23,2% aller Treibhausgasemissionen verantwortlich, was seit 1990 einen konstanten Anstieg um insgesamt 8,3 Prozentpunkte bedeutet [Euro14a]. Dabei wird vor allem die Individualmobilität seit über einem Jahrhundert von Verbrennungsmotoren dominiert [Adam16]. Die negativen Folgen dieser Antriebsform sind vielfältig: Zum einen ökologisch, da der globale Klimawandel auch durch das gestiegene Verkehrsaufkommen weltweit vorangetrieben wird [BeCF09]. Zum anderen medizinisch, da erhöhte Feinstaubbelastungen, vor allem in Metropolregionen, ein nicht unerhebliches Risiko für die menschliche Gesundheit darstellen [KoSp07]. Des Weiteren bedeutet die Endlichkeit der Ressource Erdöl für die meisten europäischen Staaten eine kritische wirtschaftliche Abhängigkeit von Importen. Deutschland beispielsweise bezieht momentan über 98% seines Mineralölbedarfs aus dem Ausland [Ageb15].

Um diesen Problemen entgegenzuwirken, werden auf europäischer und nationaler Ebene die Energiewende, also die Abkehr von der Energieerzeugung auf Basis endlicher Ressourcen, und ein Paradigmenwechsel in der Mobilitätsbranche hin zur Elektromobilität stark gefördert [Dieb09], [Euro09a].

Die Elektromobilität ermöglicht vor allem in Verbindung mit nachhaltiger Energiegewinnung eine Senkung der verkehrsbedingten Schadstoffemissionen. Dies wird für eine Verlangsamung des weltweiten Klimawandels als notwendig angesehen [CaWi16]. Ein weiterer Vorteil ist die reduzierte Abhängigkeit von importiertem Rohöl [AaOd15]. Allerdings haben Elektrofahrzeuge in großen Teilen Europas momentan noch keine nennenswerten Marktanteile [CoAr15].

1.1 Ziel der Arbeit

An diesem Punkt setzt die vorliegende Arbeit an. Sowohl die Bundesregierung, als auch die Europäische Kommission versuchen, das Angebot an und die Nachfrage nach Elektrofahrzeugen mit diversen politischen Gestaltungsmaßnahmen signifikant zu erhöhen. Die dazu geschaffenen legalen Rahmenbedingungen sollen innerhalb dieser Arbeit erläutert und analysiert werden. Dabei wird ein besonderes Augenmerk darauf gelegt, anhand geeigneter Fachliteratur Erklärungsversuche für den immer noch geringen Marktanteil von Elektrofahrzeugen in fast allen europäischen Ländern zu liefern [CoAr15].

1.2 Aufbau der Arbeit

Nach einer kurzen allgemeinen Begriffserläuterung zur Elektromobilität werden zunächst die festgelegten Ziele der nationalen und europaweiten Förderung aufgezeigt. Im Anschluss werden die konkreten legislativen Maßnahmen zur Ankurbelung der Nachfrage in chronologischer Reihenfolge erläutert und mit Hilfe relevanter Literatur kritisch gewürdigt. Dabei wird der Fokus auf den aktuellsten und gleichzeitig weitreichendsten Anreiz zu Erhöhung des Absatzes, die seit Juli 2016 in Deutschland beantragbare Umweltprämie i.H.v. 4.000 Euro für neu zugelassene Elektrofahrzeuge, gesetzt. Daraufhin wird die volkswirtschaftliche Gegenperspektive, das Angebot, betrachtet. Dabei wird der erste Schwerpunkt auf die PKW-Emissionsverordnung gelegt, die der europaweiten Förderung einer breiteren Auswahl an Elektrofahrzeugen dient. In einem zweiten Schritt wird untersucht, wie ein zufriedenstellendes Angebot an Ladeinfrastruktur durch legislative Mittel gewährleistet werden kann.

2 Die legalen Rahmenbedingungen der Elektromobilität

Im Folgenden werden die Maßnahmen der Europäischen Union (EU) und der Bundesregierung zur Förderung der Elektromobilität dargestellt. Die Fachmeinungen bezüglich der somit geschaffenen legalen Rahmenbedingungen sind kontrovers und werden daher anhand geeigneter Fachliteratur diskutiert.

2.1 Allgemeines zur Elektromobilität

Unter Elektromobilität versteht man generell die Befriedigung von Mobilitätsbedürfnissen durch die Nutzung eines Fahrzeuges, das mit einem portablen Energiespeicher und einem Elektroantrieb ausgestattet ist [SEPK15]. An dieser Stelle sei festgehalten, dass es keine allgemein anerkannte Definition für den Begriff der Elektromobilität gibt [Jung14]. In der vorliegenden Arbeit wird aufgrund der Fokussierung auf die legalen Rahmenbedingungen der Elektromobilität die spezifischere Definition der Bundesregierung Deutschlands angewendet: „Elektromobilität im Sinne der Bundesregierung umfasst all jene Fahrzeuge, die von einem Elektromotor angetrieben werden und ihre Energie überwiegend aus dem Stromnetz beziehen, also extern aufladbar sind." [Bund14a, S. 1]. Dabei muss betont werden, dass sich die Bundesregierung in ihrer Definition von Elektromobilität nur auf die Individualmobilität bezieht, also den Massentransport auf Basis eines elektrischen Antriebs (z.B. Straßenbahnen, elektrisch betriebene Züge) ausblendet. In der vorliegenden Arbeit wird der Fokus außerdem auf rein elektrisch betriebene Fahrzeuge gelegt, Hybridfahrzeuge sind demnach explizit ausgeschlossen.

2.2 Grundlagen der legalen Rahmenbedingungen

Die Förderung der Elektromobilität auf europäischer und deutscher Ebene beruht jeweils auf Grundlagengesetzen, die im Folgenden kurz dargestellt und erläutert werden.

2.2.1 Deutschland: Nationaler Entwicklungsplan Elektromobilität (2009)

Die Bundesregierung legte 2009 im „Nationalen Entwicklungsplan Elektromobilität" (NEPE) fest, dass Deutschland in Zukunft zum „Leitmarkt für Elektromobilität" werden soll. Das ist bemerkenswert, da elektrisch betriebene Fahrzeuge 2009 in Deutschland noch einen Nischenmarkt darstellten. So wurden im gesamten Jahr bundesweit lediglich 162 solcher Fahrzeuge zugelassen [Kraf15]. Dennoch wurde bereits zu diesem Zeitpunkt das Ziel von einer Million Elektrofahrzeuge auf dem deutschen Automobilmarkt bis zum Jahr 2020 ausgegeben. Trotz der somit angestrebten Bestandssteigerung von über 80% jährlich (bezogen auf das Jahr 2009) wurde vorerst auf unmittelbare Maßnahmen zur Erhöhung des Absatzes verzichtet. Die Förderung relevanter Forschungsgebiete stand zunächst im Vordergrund. Des Weiteren wurde mit der Nationale Plattform Elektromobilität (NPE) ein branchenübergreifende Beratungsgremium der Bundesregierung geschaffen [Dieb09].

2.2.2 EU: Richtlinie 2009/28/EG (Erneuerbare-Energien-Richtlinie)

Auch auf Ebene der Europäischen Union wurde im Jahr 2009 der Grundstein für die legislative Förderung der Elektromobilität gelegt. Die sogenannte Erneuerbare-

Energien-Richtlinie benennt die drei zentralen Vorhaben der EU bis 2020: So sollen sowohl der Ausstoß an Treibhausgasen, als auch der gesamte Energiekonsum europaweit um jeweils 20% reduziert werden. Des Weiteren sieht die Richtlinie die Nutzung von 20% Strom aus erneuerbaren Energiequellen im Allgemeinen und 10% speziell im Verkehrssektor vor. Diese Zielsetzungen dienen als Grundlage für weitere Richtlinien und Verordnungen, die sich konkreter mit der Elektromobilität beschäftigen [Euro09a].

2.3 Förderung der Nachfrage

Durch die EU wurden bisher auf europäischer Ebene keine konkreten Anreize zur Erhöhung des Absatzes von Elektrofahrzeugen gesetzt. Vielmehr ist es den einzelnen Mitgliedstaaten überlassen, Richtlinien und Verordnungen in nationales Recht umzusetzen. Die Mitgliedsstaaten haben also zur Realisierung der festgelegten Vorgaben weitgehend Handlungsfreiheit. Im Folgenden werden die konkreten Maßnahmen der deutschen Bundesregierung dargestellt.

2.3.1 Steuererleichterungen (2012)

Der Wandel hin zur Elektromobilität wurde zwar bereits 2009 im NEPE auf Bundesebene offiziell als Ziel ausgegeben, der Absatz von Elektroautos stieg in den darauffolgenden Jahren aber nur marginal [Krafl5]. Als Konsequenz beschloss die Bundesregierung 2012 erste finanzielle Anreize zur Steigerung der Nachfrage.

Zunächst wurden auf Basis des Verkehrsteueränderungsgesetzes Elektroautos, die zwischen dem 18. Mai 2011 und dem 31. Dezember 2015 zugelassen wurden, für einen Zeitraum von zehn Jahren komplett von der KFZ-Steuer befreit [Bund12]. Nach Ablauf der steuerbefreiten Zeit gilt laut §9 Absatz 2 Kraftfahrzeugsteuergesetz ein reduzierter Steuersatz von 50% der eigentlichen Steuerlast. Zwischen 2016 und 2020 zugelassene Fahrzeuge sollten ursprünglich nur fünf Jahre befreit werden, die entsprechende Regelung wurde aber inzwischen ebenfalls auf zehn Jahre erhöht [Bund17a].

Laut der laufenden Rechtsprechung des Bundesfinanzhofes entspricht ein Firmenwagen, der privat genutzt wird, einem zu versteuernden Lohnzufluss [Fgmül7]. Die Steuerberechnung findet dabei auf Basis des Listenpreises des Fahrzeugs statt (sog. 1%-

Regelung). Bis 2013 waren Elektrofahrzeuge wegen ihres höheren Anschaffungspreises daher steuerrechtlich benachteiligt. Aufgrund dessen wurde die Berechnung der Steuerlast elektrisch betriebener Dienstwagen angepasst. Seit der entsprechenden Änderung im Einkommensteuergesetz wird die Berechnungsgrundlage pauschal um 500 Euro pro Kilowattstunde (kWh) Batterieleistung bis zu einem Maximalbetrag von 10.000 Euro gemindert. Die Beträge nehmen bis 2022 um jährlich 50 respektive 500 Euro ab. Folglich liegt der aktuelle Minderungsbetrag bei 300€/kWh bis maximal 8.000 Euro. Auch das kostenlose oder vergünstigte Aufladen von Elektrofahrzeugen beim Arbeitgeber stellt einen geldwerten Vorteil dar, der in Deutschland Steuerfreiheit genießt [Bund16a]. Grundsätzlich lassen sich die Steuererleichterungen als indirekte Subventionen zusammenfassen.

Rudolph [Rudo14] ist der Meinung, dass diese indirekten Subventionen der Bundesregierung bezüglich der Verbreitung von Elektrofahrzeugen nicht zielführend seien. Zwar beeinflussten die wahrgenommenen Betriebskosten der jeweiligen Antriebsform die Kaufentscheidung stark, dieses Konsumentenverhalten werde aber durch die bestehenden Steuervorteile für Elektrofahrzeuge nicht konsequent genug angesprochen. Stattdessen hält er eine spürbare Mehrbelastung von konventionellen Fahrzeugen für effizienter. Dazu werden beispielsweise innerstädtische Parksysteme mit hohen Gebühren für normale und kostenfreiem Parken für Elektrofahrzeuge vorgeschlagen. Auch eine Anhebung der Treibstoffkosten über die Mineralölsteuer hält Rudolph für sinnvoller als die momentanen Steuerbegünstigungen. Diese Maßnahme spräche am wirksamsten die Zielgruppe an, die entscheidend für den Erfolg von Elektrofahrzeugen sind, und zwar PKW-Fahrer, die momentan noch konventionelle Automobile fahren. Die Besteuerung des Stroms für Kraftfahrzeuge müsste dabei unvermindert gering bleiben. Dagegen spräche nach Rudolph [Rudo14] nur die öffentliche Wahrnehmung, implizit also die Angst vor Wahl-Misserfolgen der Gesetzgeber.

Auch Newbery und Strbac [NeSt16] befürworten eine Erhöhung der Mineralölsteuer. Sie begründen, dass der Ölpreis eine stärkere Determinante der zukünftigen Kosten von Elektrofahrzeugen ist als die gesellschaftlichen Kosten von Kohlenstoffemissionen. Das bedeutet konkret, dass die Betriebskosten herkömmlicher Autos ausschlaggebender als deren Umweltschädlichkeit sind. Kunden in Europa legen mehr Wert auf möglichst geringe persönliche Kosten als auf Kohlenstoffdioxid-Einsparungen (CO_2) [BGHK15].

Sammer et al. [SaSL11] schlagen daher eine PKW-Maut für konventionelle Fahrzeuge vor. Für Erhöhungen der Belastungen von Kraftstofffahrzeugen sprechen auch Umfragen von Bühne et al. [BGHK15]. Diese belegen, dass nur 36% der Konsumenten in Europa von relativ niedrigeren Unterhaltskosten für Elektroautos ausgehen.

2.3.2 EmoG – Privilegien im Straßenverkehr (2015)

Im Jahr 2015 beschloss die Bundesregierung, für den Kauf von Elektrofahrzeugen nicht nur finanzielle, sondern auch nutzenbezogene Anreize zu setzen. Das Elektromobilitätsgesetz (EmoG) schuf die rechtliche Grundlage für Privilegien im Straßenverkehr, „soweit dadurch die Sicherheit und Leichtigkeit des Verkehrs nicht beeinträchtigt [wird]" [Bund15, S.1]. Diese Bevorzugungen können beispielsweise das Nutzen von Busspuren oder kostenlose Parkmöglichkeiten für Elektrofahrzeuge umfassen.

Zubaryeva et al. [ZTBM12] sind der Meinung, dass Begünstigungen im Straßenverkehr ein essentieller Faktor für die Verbreitung von Elektrofahrzeugen in Europa sind. Dagegen sprechen jedoch Umfragen des ISI Fraunhofer Instituts: Befragt nach Gründen, warum sie einen Preisaufschlag beim Kauf eines Elektrofahrzeuges akzeptieren würden, stießen nicht-finanzielle Anreize bei Kunden in Deutschland auf wenig Zustimmung [Frau12].

Auch Erfahrungen aus Norwegen, das ähnliche Privilegien gewährt, sind sehr durchwachsen: So gaben in Umfragen nur 16% der dortigen Kunden an, sich aufgrund der Zeiteinsparungen durch die Begünstigungen im Straßenverkehr für die elektrische Antriebsform entschieden zu haben [AaOd15]. Zu untersuchen wäre auch inwieweit die steigende Anzahl an Elektrofahrzeugen auf Busspuren die Busse selbst behindert. Entsprechende Erfahrungen in der Metropolregion Oslo ergeben, dass dort proportional zu der gestiegenen Anzahl an Elektroautos immer mehr Verspätungen im öffentlichen Nahverkehr auftreten [AaOd15]. Dieser negative Effekt kann durchaus gravierend sein, wenn die Zeitersparnisse der öffentlichen Verkehrsmittel, und damit der ursprüngliche Sinn der Busspuren, zunichtegemacht werden [Mykl13]. Daher erscheinen Privilegien im Stadtverkehr nur so lange ein sinnvoller Anreiz zu sein, bis ein kritischer Marktanteil an Elektrofahrzeugen erreicht ist.

Für Carsharing-Angebote könnten sich zumindest eingeschränkte Privilegien allerdings durchaus als sinnvoll erweisen. Bei der Wahl zwischen konventionellen und Elektrofahrzeugen könnten letztere beispielsweise bezüglich der Parkmöglichkeiten bevorzugt werden. Das ist zielführend, da durch persönliche Erfahrungen die Akzeptanz von Elektroautos in der Gesamtbevölkerung deutlich erhöht werden kann [Rudo14]. Weiterhin ist der Umstieg auf eine Elektroflotte im öffentlichen Dienst denkbar. Eine Vorreiterrolle der Gesetzgeber könnte die Sensibilisierung der Konsumenten wirksam beschleunigen [Mass14], [Rudo14].

2.3.3 Der Umweltbonus (2016)

Die Anschaffungskosten eines Automobils sind ein zentrales Kriterium für dessen Marktfähigkeit [NeSt16], [SSDK15]. Daher beschloss die Bundesregierung 2016 die bis dato drastischste Maßnahme zur Steigerung der Nachfrage von Elektrofahrzeugen, den Umweltbonus: Eine Kaufprämie in Höhe von 4.000 Euro für rein elektrisch angetriebene PKW und 3.000 Euro für Plug-In-Hybriden, jeweils bis zu einem maximalen Listenpreis von 60.000 Euro. Dafür werden insgesamt 1,2 Milliarden Euro zu gleichen Teilen vom Bund und den jeweiligen Autoherstellern zur Verfügung gestellt [Bund16b]. Die Wirksamkeit der Prämie ist höchst umstritten, weshalb im Folgenden die wichtigsten Argumente beider Seiten aufgearbeitet werden.

2.3.3.1 Chancen der Prämie

Auch unter Einbeziehung der Prämie ist ein Elektrofahrzeug momentan teurer als ein vergleichbares Auto mit Verbrennungsmotor. Der Aufpreis, der bei vergleichbarer Ausstattung für ein Elektroauto gezahlt werden muss, beträgt durchschnittlich zwischen 7.000 und 12.000 Euro [PrKo12], [TsWL13]. Grundsätzlich kann daher angenommen werden, dass eine direkte Subvention (also Kaufpreisbezuschussung) für Elektrofahrzeuge vor allem dann wirksam ist, wenn zumindest die Unterhaltskosten geringer als die eines vergleichbaren konventionellen Fahrzeugs sind [NeSt16]. Es kann allerdings aufgrund der höheren Energieeffizienz und steuerlichen Vorteile davon ausgegangen werden, dass Elektroautos in Bezug auf laufende Kosten im Vergleich finanzielle Vorteile bieten [TsWL13], [HMCL11]. Somit erscheint eine Anpassung des Kaufpreises zumindest theoretisch als geeignetes Mittel für eine Absatzsteigerung von Elektrofahrzeugen.

Für eine direkte Subvention spricht auch, dass sich so ein Absatzmarkt entwickeln könnte, der bessere Voraussetzungen für die weitere Verbreitung von Elektrofahrzeugen bietet. Nykwist und Nilsson [NyNi15] errechnen, dass die Batteriekosten (pro kWh) je Verdopplung des marktübergreifend installierten Batterievolumens um durchschnittlich 6% fallen. Da bei Elektrofahrzeugen das Batteriesystem einen essentiellen Teil des Anschaffungspreises darstellt, könnten so zukünftig konkurrenzfähige Preise erreicht werden, die entscheidend für einen Massenmarktdurchbruch sind [SSDK15].

Nach Seixas et al. [SSDK15] wäre eine Kaufprämie grundsätzlich geeignet, die weitgehende Verbreitung von Elektrofahrzeugen in näherer Zukunft zu beschleunigen. Um bis 2030 eine breite Adaption herbeizuführen, müssten die Kosten der Fahrzeuge allerdings um durchschnittlich 30% fallen. Es erscheint fraglich, ob eine solche Preisreduktion in Deutschland durch eine Prämie erreichbar ist. Bis 2040 würde zwar auch eine Prämie von 4.000 Euro, wie sie momentan in Deutschland ausgezahlt wird, für eine weite Verbreitung sorgen, es darf jedoch ebenfalls angezweifelt werden, dass die Bundesregierung das Förderprogramm über die nächstens 23 Jahre hinweg finanzieren kann und wird [SSDK15]. In der aktuellen Form läuft die Förderung bis zum 30. Juni 2019, es erscheint aber unwahrscheinlich, dass bei gleichbleibender Inanspruchnahme bis dahin das geplante Budget erschöpft sein wird.

Für eine Kaufprämie spricht prinzipiell auch die überzeugende Wirkung in anderen europäischen Ländern: Norwegen beispielsweise hat die höchste Quote an Elektrofahrzeugen pro Einwohner weltweit. Dies ist die Folge einer Vielzahl finanzieller Förderungen, unter Anderem der kompletten Befreiung von der Mehrwertsteuer i.H.v. 25%, was einer Prämie in variabler Höhe gleichkommt. Allerdings summieren sich die Subventionen in Norwegen so sehr, dass Elektroautos nicht nur vergleichbare, sondern insgesamt sogar günstigere Preise als konventionelle Fahrzeuge vorweisen [AaOd15]. Ein vergleichbarer Effekt kann also in Deutschland kaum erwartet werden, da selbst unter Ein-

8

beziehung von Umweltprämie und steuerlichen Vorteilen keine finanziellen Vorteile entstehen, solange sich die Herstellungskosten und damit die Kaufpreise nicht angleichen [PrKo12], [TsWL13].

2.3.3.2 Negative Aspekte der Prämie

Andererseits spricht der Erfolg der Prämie in Norwegen teilweise sogar gegen einer Anwendung in anderen Ländern: So haben Holtsmark und Skonhoft [HoSk14] herausgefunden, dass dort die starke Verbreitung von Elektroautos auf Kosten des öffentlichen Nahverkehrs vorangetrieben wird. Des Weiteren würden Anreize geschaffen, sich einen Zweitwagen anzuschaffen, anstatt herkömmliche PKW durch elektrisch betriebene zu ersetzen. Beide Effekte entsprechen nicht dem Sinn der Prämie, da sie zwar die Verbreitung von Elektrofahrzeugen erhöhen, aber das eigentliche Ziel, den Umweltschutz, verfehlen.

Aus ähnlichen Gründen zweifelt auch Rudolph [Rudo14] an der Vorgehensweise der Bundesregierung: Um möglichst wirksam zu sein, solle die Prämie hauptsächlich darauf abzielen, Konsumenten, die momentan im Besitz eines Fahrzeuges mit hohem CO_2-Ausstoß sind, zu einem Umstieg auf ein Elektrofahrzeug zu bewegen. Tatsächlich spreche die Prämie aber vor allem Konsumenten an, die momentan noch gar kein eigenes Kraftfahrzeug besitzen. Somit werde ein Hauptziel der Prämie, nämlich reduzierte Schadstoffemissionen, verfehlt. Im Gegenteil sei die direkte Unterstützung sogar kontraproduktiv, da kein Wechsel zu Elektrofahrzeugen hin stattfindet. Stattdessen wird eine zusätzliche Nachfrage geschaffen. Dabei muss bedacht werden, dass auch Elektrofahrzeuge keinesfalls CO_2-neutral sind [ScGK15].

In Anbetracht dieser Gründe schlagen Canzler und Wittowsky [CaWi16] eine Abwrackprämie ähnlich der aus dem Jahre 2009 vor: Einen Bonus, der nur dann ausgezahlt wird, wenn ein PKW mit Verbrennungsmotor durch ein Elektroauto ersetzt wird. Aufgrund der genannten Problemfelder könnte sich eine solche Anpassung des Umweltbonus als durchaus sinnvoll erweisen und negative Aspekte der Prämie in ihrer jetzigen Form verhindern.

Newbery und Strbac [NeSt16] halten den Umweltbonus für prinzipiell nicht lohnenswert. Ihre Forschungsergebnisse implizieren, dass direkte Subventionen ihren sozialen Nutzen mit jeder Verdopplung der installierten Batteriedichte halbieren. Drastische Verbesserungen in der Batterieherstellung, die zu deutlichen Preiseinsparungen führen könnten, seien ohnehin nicht vor 2020 zu erwarten. Bevor jene technologischen Verbesserungen aber vollzogen würden, könnten Elektroautos preistechnisch nicht mit konventionellen Fahrzeugen konkurrieren. Sie gehen davon aus, dass sich die Preise für Elektroantriebssysteme erst bis 2030 auf ein zu Verbrennungsmotoren vergleichbaren Niveau begeben werden. Weiterhin wird angeführt, dass selbst bei vergleichbaren Anschaffungskosten die meisten anderen Faktoren gegen eine weite Verbreitung von Elektrofahrzeugen sprechen.

2.3.3.3 Fazit zum Umweltbonus

Letztendlich lässt sich der Umweltbonus nach knapp einem Jahr Laufzeit vor allem anhand seines ursprünglichen Ziels, der absatzfördernden Wirkung beurteilen. Ein positiver Effekt kann durchaus festgestellt werden (siehe Abbildung 1; die Einführung des Umweltbonus ist durch die gestrichelte Linie gekennzeichnet; Zahlen aus: [Kraf17]), auch wenn die Wirkung deutlich hinter den Erwartungen zurückbleibt. So wäre selbst

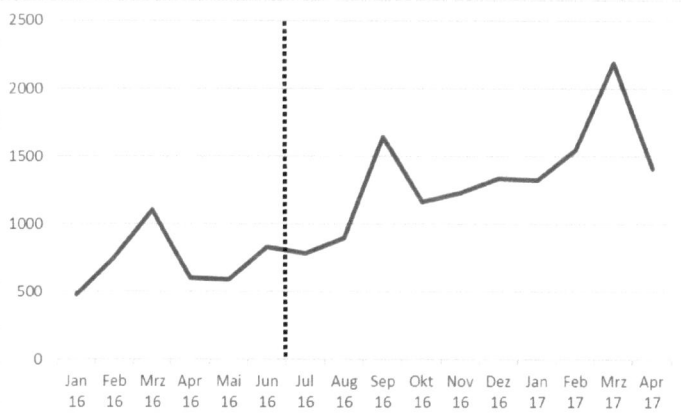

Abbildung 1: Monatliche Elektrofahrzeugzulassungen in Deutschland

10

unter den Prämissen, dass a) alle gekauften Elektrofahrzeuge seit Einführung des Bonus die Einmalzahlung in Anspruch genommen haben (was vor allem aufgrund der Beliebtheit des Tesla Model S, welcher den Maximalpreis überschreitet und daher nicht gefördert wird, unrealistisch erscheint), b) der positive Trend seit Einführung der Prämie bis zum Ablauf der Förderung gleichbleibend anhält und c) auch bis dahin alle verkauften Elektrofahrzeuge den Bonus erhalten, bis Juni 2019 nicht einmal ein Drittel des ursprünglich zur Verfügung gestellten Budgets für 300.000 Fahrzeuge ausgeschöpft. Somit kann vermutet werden, dass auch die massiven Investitionen im Zuge der Prämie keine ausreichende Wirkung zeigen werden, um das Ziel der Bundesregierung von einer Million Elektrofahrzeugen auf deutschen Straßen bis 2020 zu erreichen [Adam16].

Diese Schlussfolgerung kommt allerdings nicht vollkommen überraschend: Massiani [Mass14] errechnete bereits 2011, dass selbst unter der begünstigenden Voraussetzung eines steigenden Ölpreises auch aggressive Fördermittel wie eine Kaufprämie die Verbreitung von Elektrofahrzeugen in Deutschland nicht stark fördern könnten. Er prognostizierte einen Fahrzeugbestand von 98.000 bis 2020, was aktuell weitaus realistischer als das Ziel der Bundesregierung erscheint und sich mit der tatsächlichen Entwicklung seit Einführung der Prämie deckt [Kraf15].

Tran et al. [TBBM12] bezweifeln sogar, dass ein Massenmarktdurchbruch überhaupt von Seiten der Gesetzgeber durchgesetzt werden kann. Sie heben hervor, dass eine umfassende Akzeptanz in der Bevölkerung von weit mehr Faktoren abhängt, als durch „einfache" Fördermethoden wie dem Umweltbonus erreicht werden können.

Zusammenfassend lässt sich festhalten, dass auch aggressive finanzielle Fördermethoden bisher nicht bewiesen haben, einen Markterfolg effektiv zu unterstützen. Dies liegt vor allem daran, dass sich die Konsumenten in ihren Kaufentscheidungen nicht wie erwartet beeinflussen lassen [BGHK15]. Bei zukünftigen Maßnahmen sollte diese Unsicherheit von den Gesetzgebern bedacht werden, besonders wenn es sich um kapitalintensive Subventionen wie die Umweltprämie handelt.

2.4 Förderung des Angebots

Da trotz weitgreifender Subventionen die Nachfrage von Elektrofahrzeugen nur langsam zunimmt, ist fraglich, ob die Problematik nicht auch auf ein mangelndes Angebot
zurückzuführen ist [SaSL11]. Sowohl die Modellauswahl als auch der Ausbau der notwendigen Ladeinfrastruktur wird daher zum notwendigen Objekt politischer Gestal-
tungsmittel.

2.4.1 Fahrzeugangebot: Verordnung (EG) Nr. 443/2009

Als 2009 das Ziel der EU festgelegt wurde, bis 2020 den Energieverbrauch im Verkehrssektor zu 10% aus erneuerbaren Energien zu beziehen, war auf dem europäischen
Markt noch kein ausreichendes Angebot an Elektrofahrzeugen vorhanden [Rudo14].
Gleichzeitig wurde festgestellt, dass eine tatsächliche Verringerung der Emissionen um
20% bis 2020 mit ausschließlicher Hilfe der vorher geltenden freiwilligen Selbstver-
pflichtung der Automobilhersteller, die CO_2-Emissionen der verkauften Automobile zu
reduzieren, nicht erreicht werden konnte [Euro09b].

Die „EU-Verordnung zur Verminderung der CO_2-Emissionen von Personenkraftwa-
gen", im folgenden PKW-Emissionsverordnung genannt, legt fest, dass die Flottenemissionen der in Europa zugelassenen Fahrzeuge ab 2012 den Grenzwert von 130g/km
nicht überschreiten dürfen. Die Flottenemissionen entsprechen dem durchschnittlichen
CO_2-Ausstoß aller zugelassenen Fahrzeuge eines Automobilherstellers. Die Verordnung
ist damit der einzige direkte Eingriff der Europäischen Union in den Elektromobilitäts-
markt.

Ab dem Jahr 2020 gilt, wie in der ergänzenden Verordnung (EG) Nr. 333/2014 festgelegt, ein herabgesetzter Grenzwert von 95g/km. Um den Herstellern Anreize zu liefern,
bei der Realisierung der strikteren Ziele speziell auf Elektrofahrzeuge zu setzen, werden
Fahrzeuge mit einem Ausstoß von weniger als 50g/km bei der Flottenemissionsberech-
nung schwerer gewichtet: 2020 werden sie in der Berechnung doppelt gezählt, 2021
1,67-fach, 2022 1,33-fach und ab 2023 wie alle anderen Fahrzeuge [Euro14b]. Außerdem werden aufgrund der sogenannten Tank-to-Wheel-Betrachtung (TtW) nur durch
das Fahrzeug selbst anfallende Schadstoffemissionen eingerechnet. Die Emissionen bei

der Herstellung des Stroms zum Betrieb von Elektroautos werden also nicht beachtet und diese folglich als emissionsfrei eingestuft [Euro07].

Die TtW-Betrachtung kann als kritisch angesehen werden, da die Umweltbilanz von Elektrofahrzeugen stark von dem zugrundeliegenden Energiemix abhängig ist [ScGK15]. Daher erscheint eine generelle Einstufung als emissionsfrei gegenüber konventionellen Fahrzeugen als ungleich. Allerdings unterliegen die bei der Stromerzeugung entstehenden Emissionen bereits dem EU-Emissionshandel. Des Weiteren werden auch die Emissionen bei der Herstellung herkömmlichen Treibstoffs bei der Berechnung der Flottenemissionen nicht gewichtet. Ob eine Gleich- oder Ungleichbehandlung vorliegt lässt sich daher nicht final beantworten. Durch die schwerere Gewichtung und die Einstufung als emissionsfreie Fahrzeuge wird vor allem bei den Premiumherstellern, deren Produktportfolio von relativ verbrauchsintensiven Motoren dominiert wird, ein wirksamer Anreiz gesetzt. Elektrisch angetriebene Fahrzeuge ermöglichen es ihnen, ohne Einschnitte in den Kernbereichen der jeweiligen Marke die zukünftigen Emissionsvorgaben zu erreichen [ReBN13].

Thiel et al. [TNSS16] sind allerdings der Meinung, dass die Flottenemissionsvorgaben von durchschnittlich 95g/km nicht ausreichend für eine starke Verbreitung von Elektrofahrzeugen bis 2030 seien. Zwar könnten auch mit der bestehenden Vorgabe bis 2020 rund 2% Marktanteil in Deutschland erreicht werden, was immerhin circa 800.000 Automobilen entsprechen und somit dem ausgegebenen Ziel von einer Million Elektrofahrzeugen wenigstens nahekommen würde. Um jedoch bis 2030 einen Massenmarkt zu erreichen, müsste der Grenzwert bis dahin auf durchschnittlich 70g/km gesenkt werden. Unter dieser Prämisse wird ein Marktanteil von über 25% vorausgesagt. Auch ließen sich allein zwischen 2030 und 2050 eine Milliarde Tonnen CO_2-Emissionen einsparen, wenn das Ziel ab 2030 von 95g auf 70g reduziert wird.

Massiani [Mass14] kritisiert die Verordnung (EC) Nr. 443/2009 ebenfalls, vor allem in Kombination mit direkten Subventionen wie dem deutschen Umweltbonus. Durch die Prämie und die TtW-Betrachtung in der Emissionsberechnung der EU seien die Flottenemissionsvorgaben für die Automobilhersteller zu leicht zu erfüllen. Daher würden weniger Anreize geschaffen, die Effizienz von herkömmlichen Verbrennungsmotoren zu reduzieren, was letztendlich die Umwelt belaste, anstatt sie, der eigentlichen Intention der Verordnung entsprechend, zu schonen.

2.4.2 Infrastrukturelles Angebot

Für die Verbreitung von Elektrofahrzeugen ist auch das Angebot entsprechender Ladesäulen entscheidend [AcBH15]. Tran et al. [TBBM12] sind sogar der Meinung, dass eine flächendeckende Verbreitung von Lademöglichkeiten wichtiger für die Kundenakzeptanz der Elektromobilität ist als die Eigenschaften elektrisch betriebener PKW. Dafür sprechen auch europaweite Umfragen von Bühne et al. [BGHK15], bei denen 62% der Konsumenten ein dichtes Netzwerk an Ladestationen als notwendige Voraussetzung für eine Verbreitung von Elektrofahrzeugen angegeben haben. Dies wird oft durch das psychologische Phänomen der Reichweitenangst erklärt. (Konsumentenverhalten ist nicht das Thema der vorliegenden Arbeit, weshalb an dieser Stelle auf weiterführende Literatur verwiesen wird: [BoLu16]) Reichweitenangst kann allerdings durch ein umfassendes Schnellladesystem und steigende Batteriekapazitäten wirksam bekämpft werden [Dorr12].

Um in Deutschland und der EU zukünftig einen Massenmarkt für Elektromobilität zu etablieren, muss daher auch eine umfassende und verlässliche öffentliche Ladeinfrastruktur gefördert und bestehende Problemfelder überwunden werden. Die Nationale Plattform Elektromobilität geht dabei bis 2020 von einem Bedarf von 70.000 öffentlichen Ladepunkten aus. Momentan gibt es in Deutschland 7.407 öffentlich zugängliche Ladepunkte an 3.206 Ladestationen. RWE ist dabei mit deutlich über 20% Marktanteil der größte Anbieter [Nati15].

Grundsätzlich ist der Markt für Elektrofahrzeug-Ladestationen von Unsicherheit geprägt. Viele Wissenschaftler ziehen den Vergleich zu dem klassischen „Henne-Ei-Problem": Einerseits bestehen durch die hohen Fixkosten bei der Errichtung der Ladestationen und die niedrigen Zulassungszahlen von Elektrofahrzeugen kaum Anreize, als Anbieter dem Markt beizutreten. Andererseits sorgt eben jene geringe Verfügbarkeit von Ladestationen dafür, dass viele potentielle Konsumenten noch nicht von dem Kauf eines Elektroautos überzeugt sind [ReBN13], [APRM17], [AcBH15].

2.4.2.1 Richtlinie 2014/94/EU (AFI Richtlinie) / Ladesäulenverordnung (2016)

Weiterhin relevant ist die „Verordnung über technische Mindestanforderungen an den sicheren und interoperablen Aufbau und Betrieb von öffentlich zugänglichen Ladepunkten für Elektromobile", im Folgenden Ladesäulenverordnung genannt. Sie stellt die Umsetzung der Richtlinie 2014/94/EU (sog. AFI-Richtlinie) auf Bundesebene dar. Damit werden verpflichtende Standards für öffentliche Ladesäulen eingeführt, um Unsicherheiten für Investoren zu reduzieren. Zunächst werden öffentliche Ladepunkte als Säulen definiert, an denen für jedermann zugänglich nicht mehr als ein Elektromobil aufgeladen werden kann. Eine Tanksäule mit mehreren Möglichkeiten zum Aufladen besteht also aus mehreren Ladepunkten. Jeder dieser Ladepunkte mit mehr als 3,6 kW Wechselstromladeleistung muss einen Anschluss nach IEC 62196 Typ 2 bereitstellen. Für Ladepunkte mit mehr als 22 kW Gleichstromladeleistung ist ein Stecker vom Typ Combined Charging System (CCS) verpflichtend [Bund14b], [Euro14c].

An dieser Stelle sei kurz festgehalten, dass Tesla Supercharger keine Ladepunkte darstellen, da sie nicht an eine unbeschränkte Anzahl Personen gerichtet sind und an ihnen kein Strom verkauft wird (für Tesla-Kunden ist das Laden an den Chargern kostenfrei). Sie sind daher weder Objekt der legislativen Gestaltungsmaßnahmen noch der vorliegenden Arbeit. Ebenso stellen kabellose und induktiv betriebene Ladepunkte eine Ausnahme von den Anforderungen der Ladesäulenverordnung dar.

Prinzipiell ist eine fortschreitende Standardisierung der Ladeinfrastruktur als förderlich für die kundenfreundliche Nutzung von Elektrofahrzeugen anzusehen. Es darf nicht damit gerechnet werden, dass potentielle Käufer von Elektrofahrzeugen in Zukunft Wartezeiten akzeptieren würden, die deutlich über die einer herkömmlichen Tankstelle hinausgehen. Es ist daher unerlässlich, dass ein qualitativ hochwertiges und zuverlässiges Ladenetzwerk zur Verfügung steht. Das finale Ziel bezüglich der Ladeinfrastruktur sollte sein, dass sie nicht mehr als Grund gegen, sondern für den Kauf eines Elektrofahrzeugs angesehen wird [PSHZ16].

Eine übermäßige Standardisierung im Sinne eines einzigen Anschlusssystems (wie zum Beispiel bei herkömmlichen Steckdosen) empfiehlt sich nicht, da die verschiedenen Steckertypen unterschiedliche Zwecke erfüllen. Schnellladesysteme mit CCS-Anschluss werden vor allem an Transitstrecken gebraucht und sind sehr kostenintensiv [SmCa15]. Oftmals sind jedoch auch langsame, günstigere Wechselstromladegeräte ausreichend, zum Beispiel beim Laden über Nacht oder am Arbeitsplatz [Dorr12].

Des Weiteren ist der technologische Fortschritt der Ladeinfrastruktur noch in einer Phase, in der kontinuierlich Verbesserungen zu erwarten sind. Eine übermäßige Standardisierung könnte dadurch auch innovationshemmend wirken. Momentan sind nur die leistungsstärksten Ladestationen dazu in der Lage, in einem kurzen Zeitraum eine hohe Batterieladung herbeizuführen [FSBD14]. Sollten in Zukunft also technologische Durchbrüche erreicht werden, die mit den aktuellen Standards nicht verknüpfbar sind, wäre eine schnelle Anpassung von Nöten.

2.4.2.2 Das Energiewirtschaftsgesetz (EnWG)

Nicht nur die Standardisierung der Ladestationen erweist sich als problematisch. Vor allem in Deutschland gibt es weitere rechtliche Herausforderungen, die nur mit Hilfe legislativer Gestaltungsmaßnahmen überwunden werden können.

Laut §20 des Energiewirtschaftsgesetztes (EnWG) haben die „Betreiber von Energieversorgungsnetzen […] jedermann nach sachlich gerechtfertigten Kriterien diskriminierungsfrei Netzzugang zu gewähren" [Dieb17, S.64]. Damit wird festgelegt, dass sowohl alle Endkunden, als auch alle Stromanbieter ein Recht auf freien Netzzugang haben.

Dieser Grundsatz ist für einen funktionierenden Energiemarkt unerlässlich. Er sorgt dafür, dass sich durch Konkurrenz zwischen den verschiedenen Anbietern marktgerechte Preise etablieren und garantiert den Konsumenten eine Auswahl des gewünschten Versorgers anhand persönlicher Präferenzen [Rein14].

Dieses Gesetz findet jedoch auf Bundesebene für Ladestationen von Elektrofahrzeugen keine Anwendung. Im Gesetzestext mangelt es dazu an einer eindeutigen Einordnung der Ladeinfrastruktur als Energieversorgungsnetz. Adam belegt jedoch, dass Ladestationen alle Voraussetzungen eines Energieversorgungsnetzes erfüllen und daher zweifelsfrei in die Reichweite des EnWG fallen müssten (Die einzelnen Prüfungsschritte des Rechtsgutachtens sind an dieser Stelle nur zweitrangig und werden daher nicht genauer behandelt, siehe dazu Seite 15-40 in [Adam16]). Er argumentiert, dass daher auch die

Betreiber von Ladestationen für Elektrofahrzeuge allen Anbietern diskriminierungsfreien Zugang zu den Stationen bieten müssten.

Dennoch gibt es durch die beschriebene rechtliche Unklarheit in Deutschland zum jetzigen Zeitpunkt für Drittanbieter keinen freien Zugang zu den Stationen. Stattdessen wird der Markt von dem sogenannten Roaming-Modell dominiert. Dabei werden zwischen dem Betreiber und den Drittanbietern Roaming-Verträge geschlossen. Auf Basis dieser Verträge können auch Kunden der Drittanbieter ohne Vertragsbindung zu dem jeweiligen Operator ihre Elektrofahrzeuge laden [Hild16]. Da dies ohne vorherige Authentifizierung ermöglicht wird, erfüllt das Roaming-Modell die geänderten Anforderungen der Ladesäulenverordnung vom 29. März 2017 und final der AFI-Verordnung [Bund17b], [Euro09b]. Dennoch bedeutet es sowohl für Endkunden, als auch für Stromanbieter ohne eigene Ladeinfrastruktur eine beachtliche Anzahl an Einschränkungen, die im Folgenden näher erläutert werden [Adam16].

Ein direkter Stromverkauf von Anbietern außer dem Betreiber der jeweiligen Stationen wird nicht ermöglicht. Die Energie wird nicht von dem jeweiligen Drittanbieter, sondern nur von dem Operator selbst zur Verfügung gestellt [Hild16]. Diese Tatsache ist in mehreren Hinsichten problematisch: Zum einen ist es dem Kunden nicht möglich, seinen gewohnten Energiemix zu konsumieren. Dieser ist aber, wie bereits erwähnt, für die Umweltfreundlichkeit der Elektromobilität von essentieller Bedeutung [ScGK15]. Zum anderen wird dem Betreiber das Recht eingeräumt, von der Konkurrenz für die Bereitstellung der Energie Gebühren zu verlangen [Hild16]. Dieses Recht wird von den Betreibern genutzt, indem so hohe Gebühren verlangt werden, dass sich durch die Drittanbieter mit konkurrenzfähigen Preisen keine Marge mehr erwirtschaften lässt. Aufgrund dieser Einschränkungen weigern sich einige Anbieter erneuerbarer Energie gänzlich, an dem aktuellen Modell zu partizipieren [Adam16].

Des Weiteren wird das Laden für nicht vertragsgebunden Kunden zwar ermöglicht, aber nur zu unwirtschaftlichen Konditionen: Bis zu 300% höhere Kosten fallen dafür bei den beiden größten Operatoren in Deutschland, EON und ENBW, an [Adam16]. Das einzig plausible Argument für solche Preissteigerungen könnte sein, dass die Vorhersagegüte der benötigten Energie unter vertragslosem Laden leidet. Aber selbst wenn die Anbieter den unkalkuliert benötigten Strom komplett aus sogenanntem Ausgleichsstrom beziehen müssten, könnten damit keine solchen Preisdifferenzen gerechtfertigt werden [Prob14].

Die Betreiber entsprechen in einer Vielzahl der Fälle den lokalen Stromversorgern, sodass keine bundesweite Abdeckung durch einen einzelnen Anbieter gewährleistet werden kann. In Kombination mit den fluktuierenden Preisen wird es den Fahrern von Elektrofahrzeug so enorm erschwert, längere Strecken zu marktüblichen Konditionen zu überbrücken. Sobald das Gebiet des eigenen Vertragspartners verlassen wird, muss entweder ein neuer Vertrag geschlossen oder zu unwirtschaftlichen Konditionen über das Roaming-Modell geladen werden. Diese Unsicherheit wirkt sich negativ auf das Kaufverhalten aus und erscheint äußerst konträr zu der den Forderungen der Verordnung 2014/94/EU. Darin verpflichten sich alle EU-Mitgliedsstaaten der Sicherstellung, „dass die Preise, die von den Betreibern öffentlich zugänglicher Ladepunkte berechnet werden, angemessen, einfach und eindeutig vergleichbar, transparent und nichtdiskriminierend sind" [Euro14b, S. L 307/12].

In dem vorliegenden Fall erscheint es als sehr unwahrscheinlich, dass der Markt sich selbst reguliert und die vorliegenden Probleme ohne regulatorische Eingriffe überwunden werden können [AcBH15]. Dazu müsste entweder durch neue Marktteilnehmer eine deutschlandweite Ladeinfrastruktur aufgebaut oder das bestehende Netz mindestens eines Anbieters national ausgeweitet werden. Durch die hohen Fixkosten bei dem Aufbau eines Ladenetzwerks (zwischen 3.000 und 40.000 Euro pro Ladesäule [SmCa15]) entstehen hohe Markteintrittsbarrieren. Außerdem muss erwartungsgemäß eine Vielzahl an Ladestationen an öffentlichen Parkplätzen vergeben werden. Dazu ist es erforderlich, Konzessionen zu erwerben, was einen zusätzlichen Kapital- und Arbeitsaufwand bedeutet und die Eintrittsbarrieren weiter erhöht. Auch erscheint es unwahrscheinlich, dass die vorhandenen Betreiber ihr Netz deutschlandweit ausbauen werden, da die jeweilige Ausbreitung meist mit der Stromversorgungsabdeckung übereinstimmt. Hohe Fix- und sinkende Durchschnittskosten sorgen zudem dafür, dass die Betreiber Anreize haben, die Versorgung knapp und die Auslastung hoch zu halten [Rein14].

Die notwendige Veränderung liegt in dem bereits erwähnten freien Netzzugang für Drittanbieter, der technisch ohne Probleme mit der vorhandenen Infrastruktur durchführbar wäre. Dieser für den Strommarkt unabdingbarer Grundsatz sollte auch für die Ladeinfrastruktur Anwendung findet [Adam16]. Durch entsprechende Klarstellung im EnWG könnte ein kompetitiver Markt mit national uniformen, marktgerechten Preisen ähnlich dem herkömmlichen Energiemarkt entstehen. Solange die Betreiber der Ladeinfrastruktur durch das Roaming-Modell die Preise unabhängig von dem Angebot der Drittanbieter festlegen können, erscheint dies unwahrscheinlich. Es entsteht kaum Konkurrenz, daher verlangen die Operatoren selbst von den eigenen Vertragskunden bis zu 22% höhere Preise im Vergleich zu herkömmlichem Strom aus der Steckdose.

Ein weiterer Vorteil von freiem Zugang wäre die Interoperabilität aller Ladestationen: Alle Kunden könnten auf Basis des Vertrags mit dem jeweiligen Anbieter und der entsprechenden Bezahlweise (Smartphone, Ladekarte, etc.) an jeder öffentlichen Station ohne Probleme laden. Ein entsprechendes Modell wurde bereits erfolgreich getestet („Hamburger Modell", 2009-2014). An allen Ladestationen war es den Kunden möglich, sich ohne Vertrag mit dem Betreiber mit Hilfe einer einzigen Chipkarte auszuweisen, zu bezahlen und so auf Basis des eigenen Anbietervertrags zu laden. Trotz dieser eindeutigen Vorzüge wurde das Modell als nicht wirtschaftlich eingestuft und eingestellt [Hans14].

Die regulatorische Situation erscheint aufgrund einer mangelnden rechtlichen Qualifizierung der Ladeinfrastruktur als Energieversorgungsnetz unbefriedigend [Hild16]. Adam [Adam16] zieht den Vergleich zu der Zeit nach der Liberalisierung des Energiemarktes im Jahr 1998, die ebenfalls nicht zu verstärkter, sondern eingeschränkter Konkurrenz führte. § 1 Abs. 1 EnWG definiert als Ziel der rechtlichen Rahmenbedingungen des Energiemarktes „eine möglichst sichere, preisgünstige, verbraucherfreundliche, effiziente und umweltverträgliche leitungsgebundene Versorgung der Allgemeinheit mit Elektrizität" [Dieb17, S.8]. Dieser Grundsatz scheint wegen der erläuterten Problemfelder noch keine Anwendung auf die Ladeinfrastruktur für Elektrofahrzeuge zu finden. So lässt sich festhalten, dass die legalen Rahmenbedingungen des Energiemarktes, die sowohl im EnWG als auch in der AFI-Richtlinie festgehalten sind, auch für das Laden von Elektrofahrzeugen umgesetzt werden sollten [Hild16], [Adam16].

3 Zusammenfassung und Ausblick

Die Marktdurchdringung der Elektromobilität entwickelt sich deutlich schleppender als noch vor wenigen Jahren vorhergesagt. PKW haben allerdings eine relativ hohe Fluktuation, ein durchschnittlicher kompletter Flottenwechsel benötigt in Deutschland nur circa 15 Jahre [TNSS16]. Daher ist ein Paradigmenwechsel hin zu einer von Elektroantrieben dominierten Individualmobilität im nächsten Jahrzehnt nicht auszuschließen, auch wenn die aktuellen Zulassungszahlen von Elektrofahrzeugen deutlich hinter den Erwartungen der Gesetzgeber zurückbleiben. Die Fachmeinungen bezüglich der zukünftigen Entwicklung von Elektrofahrzeugen variieren deutlich [SSDK15]. Inzwischen sind viele Wissenschaftler der Meinung, dass der Verbrennungsmotor auch 2050 noch die Antriebsform mit dem größten Marktanteil sein wird [BMVW13], [TNSS16], [SSDK15], [RZKB14]. Dennoch kann angenommen werden, dass die Elektromobilität aufgrund der zweifelsfrei vorhanden Potentiale in Zukunft eine Schlüsseltechnologie im Mobilitätssektor darstellen wird. Weiterhin kann festgehalten werden, dass die Dekarbonisierung des Straßenverkehrs für die effektive Bekämpfung des Klimawandels unumgänglich ist [CaWi16]. Umso wichtiger ist daher, dass auch die Energiewende weiter vorangetrieben wird, da nur in Kombination mit sauberer Energieherstellung die ökologische Wirksamkeit der Elektromobilität gewährleistet werden kann [LiSa15].

Die legislative Förderung der Elektromobilität hingegen kann zumindest angezweifelt werden. Ob durch die politischen Anreize der langfristige gesellschaftliche Nutzen erhöht werden kann, ist umstritten [Mass14]. Auch ob Maßnahmen wie der Umweltbonus ausreichend für einen Paradigmenwechsel sind oder nur zu kurzfristigen Absatzsteigerungen führt, ist fraglich [ReBN13].

Eine der größten zukünftigen Herausforderungen wird es sein, auch bei einem möglichen Massenmarkt für Elektrofahrzeuge eine ausreichende Ladeinfrastruktur zur Verfügung zu stellen. Besonders der Bedarf auf öffentlichen Parkplätzen mit geeigneter technischer Ausstattung wird in solch einem Szenario eine Hürde darstellen.

Weitere Facetten der Elektromobilität sind noch in der Entwicklungsphase. Eine Eingliederung der gesamten Elektrofahrzeugflotte auf dem Markt in ein intelligentes Stromnetz bietet beispielsweise große Vorteile. Vor allem erneuerbare Energiegewinnungsmethoden wie Wind-, Wasser- und Solarenergie sind naturgemäßen Schwankungen der Erzeugungsmenge unterworfen. Elektrofahrzeuge könnten zukünftig über Kontrollsysteme in das Stromnetz eingebunden werden und kurzfristige Nachfragelücken schließen.

3.1 Empfehlung weiterer Forschungsfelder

Ein Schwerpunkt weiterer Forschung sollte auf die finalen Determinante des Absatzes, das Konsumentenverhalten, gelegt werden [TNSS16]. Eine möglich Erklärung für die bisher nur langsam voranschreitende Verbreitung der Elektromobilität könnte eine schlechte Wahrnehmung von Seiten der Endkunden sein [AcBH15], [EgLo12].

Auch sollte ein Hauptaugenmerk darauf gelegt werden, die teils noch vorhandenen Nachteile von Elektrofahrzeugen im Vergleich zu herkömmlichen PKW zu reduzieren. Obwohl die Reichweite im Alltag nicht mehr das dominierende Problemfeld der Elektromobilität ist, ist es noch nicht möglich, lange Strecken komplett ohne Einbußen an Komfort zurückzulegen [ScSK14]. In Zukunft könnten Hochleistungsladestationen auch diese Lücke schließen, das kann aber dazu führen, dass zu Peak-Zeiten mehr Strom nachgefragt wird, als nach dem momentanen Stand der Technik zur Verfügung gestellt werden kann [FSBD14]. Daher empfiehlt sich eine verstärkte Forschung in den Bereichen Smart Grid und Energiespeichermethoden.

Ein weiteres Problem ist, dass nur circa 39% der Deutschen Bevölkerung in Eigenheimen lebt [Ifda16] und somit ein großer Teil der potentiellen Konsumenten nicht die Möglichkeit hat, ein Elektrofahrzeug an seinem Wohnort aufzuladen. Dies wird allerdings als essentiell für das empfundene Nutzenpotential eines Elektroautos angesehen [MaZZ16]. Daher wird empfohlen, auch für Mieter Möglichkeiten zu entwickeln, Elektrofahrzeuge über Nacht aufzuladen. Auch empfiehlt sich eine Liberalisierung der Rechtslage bezüglich eigenständiger Einbauten von Ladegeräten.

Ein letzter Fokus der Forschung sollte auch weiterhin auf der Erforschung erneuerbarer Energien liegen, die zukünftig als Energieträger für die durch Elektromobilität zusätzlich benötigte Elektrizität fungieren sollen.

3.2 Abschließende Würdigung der rechtlichen Rahmenbedingungen

Zusammenfassend lässt sich festhalten, dass trotz einer Vielzahl an intensiven Bemü-hungen von Seiten der Gesetzgeber auf nationaler und europäischer Ebene ein Paradig-menwechsel hin zur Elektromobilität noch weit entfernt erscheint. Die legalen Rahmen-bedingungen in der Europäischen Union und Deutschland im Speziellen fördern sowohl das Angebot an Elektrofahrzeugen, als auch die Nachfrage der Konsumenten durch ge-zielte Anreize. Warum sich der Absatz seit Beginn der Förderungen trotzdem nur schleppend entwickelt hat, lässt sich nicht final beantworten. Der Versuch einer Beurtei-lung der einzelnen Maßnahmen wurde in der vorliegenden Arbeit anhand relevanter Literatur vorgenommen.

3.3 Kurzübersicht relevanter Gesetze

Abschließend werden die wichtigsten Gesetze und Richtlinien zur Förderung der Elekt-romobilität in Deutschland und der EU in einer kurzen Übersicht zusammengefasst:

- Der Nationale Entwicklungsplan Elektromobilität (2009) stellt den Grundstein der Förderung der Elektromobilität in Deutschland dar und definiert das Ziel der Bundesregierung von einer Million Elektrofahrzeugen auf deutschen Straßen bis 2020.

- Die PKW-Emissionsverordnung (2009) ist die für die Elektromobilität relevan-teste politische Gestaltungsmaßnahme der EU. Sie beschränkt die durchschnitt-lichen Flottenemissionen in Europa zugelassener PKW auf 130g/km bis 2012 und 95g/km bis 2020.

- Das Elektromobilitätsgesetz (2015) ist die Grundlage für diverse Privilegien wie das Nutzen von Busspuren oder vergünstigtem Parken für Elektrofahrzeuge in Deutschland.

- Der Umweltbonus (2016) ist die drastischste Maßnahme zur Förderung der Elektromobilität auf nationaler Ebene. Seit Juli 2016 erhalten Käufer eines neu-en Elektrofahrzeuges einen Kaufpreiszuschuss i.H.v. 4.000 Euro für rein elektrisch angetriebene Fahrzeuge und 3.000 Euro für Plug-In-Hybriden.

Literaturverzeichnis

[AaOd15]   AASNESS, MARIE AARESTRUP ; ODECK, JAMES: The increase of electric vehicle usage in Norway - incentives and adverse effects. In: *European Transport Research Review* Bd. 7 (2015)

[AcBH15]   ACHTNICHT, MARTIN ; BÜHLER, GEORG ; HERMELING, CLAUDIA: Impact of Service Station Networks on Purchase Decisions of Alternative-fuel Vehicles (2015)

[Adam16]   ADAM, MARKUS: *Accelerating E-Mobility in Germany* : SpringerBriefs in Law (2016)

[Ageb15]   AGEB: Importabhängigkeit der Energieversorgung in Deutschland nach Energieträger im Jahr 2015 (2015)

[APRM17]   ANDWARI, AMIN M. ; PESIRIDIS, APOSTOLOS ; RAJOO, SRITHAR ; MARTINEZ-BOTAS, RICARDO ; ESFAHANIAN, VAHID: A review of Battery Electric Vehicle technology and readiness levels. In: *Renewable and Sustainable Energy Reviews* Bd. 78, Elsevier Ltd (2017)

[BeCF09]   BECKER, UDO ; CLARUS, ELKE ; FRIEDEMANN, JULIA: Klimaschutz im Verkehr - Paradigmenwechsel! In: *Wissenschaftliche Zeitschrift der Technischen Universität Dresden* Bd. 58 (2009)

[BGHK15]   BÜHNE, JAN-ANDRÉ ; GRUSCHWITZ, DANA ; HÖLSCHER, JANA ; KLÖTZKE, MATTHIAS ; KUGLER, ULRIKE ; SCHIMECZEK, CHRISTOPH: How to promote electromobility for European car drivers? Obstacles to overcome for a broad market penetration. In: *European Transport Research Review* Bd. 7 (2015)

[BMVW13] BAHN, OLIVIER ; MARCY, MATHILDE ; VAILLANCOURT, KATHLEEN ; WAAUB, JEAN PHILIPPE: Electrification of the Canadian road transportation sector: A 2050 outlook with TIMES-Canada. In: *Energy Policy* Bd. 62 (2013)

[BoLu16] BONGES, HENRY A. ; LUSK, ANNE C.: Addressing electric vehicle (EV) sales and range anxiety through parking layout, policy and regulation. In: *Transportation Research Part A: Policy and Practice* Bd. 83, Elsevier Ltd (2016)

[Bund12] DER DEUTSCHE BUNDESTAG: Gesetz zur Änderung des Versicherungsteuergesetzes und des Kraftfahrzeugsteuergesetzes (Verkehrsteueränderungsgesetz – VerkehrStÄndG) (2012)

[Bund14a] BUNDESMINISTERIUM FÜR UMWELT NATURSCHUTZ BAU UND REAKTORSICHERHEIT: *Fahrzeugkonzepte für Elektroautos*. URL www.bmub.bund.de/P1509/. - abgerufen am 31.05.2017

[Bund14b] BUNDESMINISTERIUM FÜR WIRTSCHAFT UND ENERGIE: Verordnung über technische Mindestanforderungen an den sicheren und interoperablen Aufbau und Betrieb von öffentlich zugänglichen Ladepunkten für Elektromobile (Ladesäulenverordnung – LSV) (2014)

[Bund15] DER DEUTSCHE BUNDESTAG: Gesetz zur Bevorrechtigung der Verwendung elektrisch betriebener Fahrzeuge (Elektromobilitätsgesetz - EmoG) (2015)

[Bund16a] BUNDESMINISTERIUMS DER JUSTIZ UND FÜR VERBRAUCHERSCHUTZ: Einkommensteuergesetz (EStG) (2016)

[Bund16b] BUNDESMINISTERIUM FÜR WIRTSCHAFT UND ENERGIE: Richtlinie zur Förderung des Absatzes von elektrisch betriebenen Fahrzeugen (Umweltbonus) (2016)

[Bund17a]   DER DEUTSCHE BUNDESTAG: Kraftfahrzeugsteuergesetz (2017)

[Bund17b]   BUNDESMINISTERIUM FÜR WIRTSCHAFT UND ENERGIE: Erste Verordnung
              zur Änderung der Ladesäulenverordnung (2017)

[CaWi16]   CANZLER, WEERT ; WITTOWSKY, DIRK: The impact of Germany's
              Energiewende on the transport sector - Unsolved problems and conflicts.
              In: *Utilities Policy* Bd. 41, Elsevier Ltd (2016)

[CoAr15]   COPPOLA, PIERLUIGI ; ARSENIO, ELISABETE: Driving societal changes
              towards an electromobility future. In: *European Transport Research
              Review* Bd. 7 (2015)

[Dieb09]   DIE BUNDESREGIERUNG: Nationaler Entwicklungsplan Elektromobilität
              der Bundesregierung (2009)

[Dieb17]   DIE BUNDESREGIERUNG: Gesetz über die Elektrizitäts- und
              Gasversorgung (Energiewirtschaftsgesetz - EnWG) (2017)

[Dorr12]   DORRESTEIJN, S.: Herausforderungen der Ladeinfrastruktur-Branche. In:
              Elektrotechnik und Informationstechnik (2012)

[EgLo12]   EGBUE, ONA ; LONG, SUZANNA: Barriers to widespread adoption of
              electric vehicles: An analysis of consumer attitudes and perceptions. In:
              Energy Policy Bd. 48, Elsevier (2012)

[Euro07]   EUROPÄISCHE UNION: Richtlinie 2007/46/EG vom 5. September 2007
              (2007)

[Euro09a]   EUROPÄISCHE UNION: Richtline 2009/28/EG des Europäischen
              Parlaments und des Rates vom 23. April 2009 (2009)

[Euro09b]   EUROPÄISCHE UNION: VERORDNUNG (EG) Nr. 443/2009 DES
              EUROPÄISCHEN PARLAMENTS UND DES RATES vom 23. April
              2009 (2009)

[Euro14a]   EUROSTAT: Greenhouse gas emission statistics. (2014)

[Euro14b]   EUROPÄISCHE UNION: VERORDNUNG (EU) Nr. 333/2014 DES
            EUROPÄISCHEN PARLAMENTS UND DES RATES (2014)

[Euro14c]   EUROPÄISCHE UNION: Richtlinie 2014/94/EU des Europäischen
            Parlaments und des rates vom 22. Oktober 2014 (2014)

[Fgmü17]   FG MÜNCHEN: Bundesfinanzhof, Firmenwagen, Arbeitgeber,
            Werbungskosten, Streitjahr, Arbeitnehmer, Rechtsprechung des BFH
            (2017)

[Frau12]   FRAUNHOFER ISI: Roadmap zur Kundenakzeptanz. In: *Schriftreihe des
            Frauenhofer ISI* (2012)

[FSBD14]   FALVO, MARIA CARMEN ; SBORDONE, DANILO ; BAYRAM, I. SAFAK ;
            DEVETSIKIOTIS, MICHAEL: EV charging stations and modes: International
            standards. In: *International Symposium on Power Electronics, Electrical
            Drives, Automation and Motion* (2014)

[Hans14]   HANSESTADT HAMBURG: Masterplan zur Weiterentwicklung der
            öffentlich zugänglichen Ladeinfrastruktur für Elektrofahrzeuge in
            Hamburg (2014)

[Hild16]   HILDEBRANDT, JONAS: Bereitstellung von Ladeinfrastruktur für
            Elektrofahrzeuge unter Berücksichtigung idealtypischer Ladebedarfe
            (2016)

[HMCL11]   HOWEY, D. A. ; MARTINEZ-BOTAS, R. F. ; CUSSONS, B. ; LYTTON, L.:
            Comparative measurements of the energy consumption of 51 electric,
            hybrid and internal combustion engine vehicles. In: *Transportation
            Research Part D: Transport and Environment* Bd. 16, Elsevier Ltd
            (2011)

[HoSk14]   HOLTSMARK, BJART ; SKONHOFT, ANDERS: The Norwegian support and
            subsidy policy of electric cars. Should it be adopted by other countries?
            In: *Environmental Science and Policy* Bd. 42, Elsevier Ltd (2014)

[Ifda16]   IFD ALLENSBACH: *Bevölkerung in Deutschland nach Wohnsituation von 2012 bis 2016.* URL http://de.statista.com/statistik/daten/studie/171237 /umfrage/wohnsituation-der-bevoelkerung/. - abgerufen am 31.05.2017

[Jung14]   JUNG, SANDRA: Elektromobilität – Technologie mit Zukunft? (2014)

[KoSp07]   KOCH, THEA ; SPIETH, PETER M.: Gesundheitsrisiken inhalierter Partikel Bd. 56 (2007)

[Kraf15]   KRAFTFAHRT-BUNDESAMT: *Neuzulassungen von Pkw in den Jahren 2006 bis 2015 nach ausgewählten Kraftstoffarten* URL http://www.kba.de/DE/Statistik/Fahrzeuge/Neuzulassungen/Umwelt/n_u mwelt_z.html?nn=652326. - abgerufen am 31.05.2017

[Kraf17]   KRAFTFAHRT-BUNDESAMT: *Monatliche Neuzulassungen nach ausgewählten Kraftstoffarten Erläuterungen Das KBA im Überblick.* URL http://www.kba.de/DE/Statistik/Fahrzeuge/Neuzulassungen/Monatl icheNeuzulassungen/monatl_neuzulassungen_node.html. - abgerufen am 31.05.2017

[LiSa15]   LIU, JIAN ; SANTOS, GEORGINA: Decarbonizing the Road Transport Sector: Break-even Point and Consequent Potential Consumers' Behavior for the U.S. Case. In: *International Journal of Sustainable Transportation* Bd. 9 (2015)

[Mass14]   MASSIANI, JÉRÔME: Cost-Benefit Analysis of policies for the development of electric vehicles in Germany: Methods and results. In: *Transport Policy* Bd. 38 (2014)

[MaZZ16]   MADINA, CARLOS ; ZAMORA, INMACULADA ; ZABALA, EDUARDO: Methodology for assessing electric vehicle charging infrastructure business models. In: *Energy Policy* Bd. 89, Elsevier (2016)

[Mykl13]   MYKLEBUST, BENJAMIN: EVs in bus lanes - Controversial incentive. In: *World Electric Vehicle Symposium and Exhibition, EVS*z (2013)

[Nati15]   NATIONALE PLATTFORM ELEKTROMOBILITÄT: Ladeinfrastruktur für Elektrofahrzeuge in Deutschland - Statusbericht und Handlungsempfehlungen 2015 (2015)

[NeSt16]   NEWBERY, DAVID ; STRBAC, GORAN: What is needed for battery electric vehicles to become socially cost competitive? In: *Economics of Transportation* Bd. 5, Elsevier (2016)

[NyNi15]   NYKVIST, BJÖRN ; NILSSON, MÅNS: Rapidly falling costs of battery packs for electric vehicles. In: *Nature Climate Change* Bd. 5 (2015)

[PrKo12]   PRUD'HOMME, RÉMY ; KONING, MARTIN: Electric vehicles: A tentative economic and environmental evaluation. In: *Transport Policy* Bd. 23 (2012)

[Prob14]   PROBST, ALEXANDER: Auswirkungen von Elektromobilität auf Energieversorgungsnetze analysiert auf Basis probabilistischer Netzplanung (2014)

[PSHZ16]   PHILIPSEN, R. ; SCHMIDT, T. ; VAN HEEK, J. ; ZIEFLE, M.: Fast-charging station here, please! User criteria for electric vehicle fast-charging locations. In: *Transportation Research Part F: Traffic Psychology and Behaviour* Bd. 40, Elsevier Ltd (2016)

[ReBN13]   RENNHAK, CARSTEN ; BOZEM, KARLHEINZ ; NAGL, ANNA: *Energie für nachhaltige Mobilität, Trends und Konzepte* (2013)

[Rein14]   REINKE, JUSTUS: *Bereitstellung öffentlicher Ladeinfrastruktur für Elektrofahrzeuge - Eine institutionenökonomische Analyse* (2014)

[Rudo14]   RUDOLPH, CHRISTIAN: *Einfluss von Anreizsystemen zur Förderung alternativer Antriebe auf Kaufentscheidungen und Verkehrsverhalten* (2014)

[RZKB14]   RÖSLER, HILKE ; VAN DER ZWAAN, BOB ; KEPPO, ILKKA ; BRUGGINK,
            JOS: Electricity versus hydrogen for passenger cars under stringent
            climate change control. In: *Sustainable Energy Technologies and
            Assessments* Bd. 5 (2014)

[SaSL11]   SAMMER, G. ; STARK, J. ; LINK, CH.: Einflussfaktoren auf die nachfrage
            nach elektroautos. In: *Elektrotechnik und Informationstechnik* Bd. 128
            (2011)

[ScGK15]   SCHILL, WOLF-PETER ; GERBAULET, CLEMENS ; KASTEN, PETER:
            Electromobility in Germany: CO2 Balance Depends on Charging
            Electricity. In: *DIW Economic Bulletin* Bd. 17 (2015)

[ScSK14]   SCHAEFER, PETRA K ; SCHMIDT, KATHRIN ; KNESE, DENNIS: Acceptance
            of Electric Vehicles and New Mobility Behavior: The Example of Rhine-
            Main Region (2014)

[SEPK15]   SCHEURENBRAND, JAN ; ENGEL, CHRISTIAN ; PETERS, FLORIN ; KÜHL,
            NIKLAS: Holistically Defining E-Mobility: A Modern Approach to
            Systematic Literature Reviews. In: *Karlsruhe Service Summit* (2015)

[SmCa15]   SMITH, MARGARET ; CASTELLANO, JOHNATHAN: Costs Associated With
            Non-Residential Electric Vehicle Supply Equipment (2015)

[SSDK15]   SEIXAS, J. ; SIMÕES, S. ; DIAS, L. ; KANUDIA, A. ; FORTES, P. ;
            GARGIULO, M.: Assessing the cost-effectiveness of electric vehicles in
            European countries using integrated modeling. In: *Energy Policy* Bd. 80,
            Elsevier (2015)

[TBBM12]   TRAN, MARTINO ; BANISTER, DAVID ; BISHOP, JUSTIN D K ;
            MCCULLOCH, MALCOLM D.: Simulating early adoption of alternative fuel
            vehicles for sustainability. In: *Technological Forecasting and Social
            Change* Bd. 80, Elsevier Inc. (2012)

[TNSS16]   THIEL, CHRISTIAN ; NIJS, WOUTER ; SIMOES, SOFIA ; SCHMIDT, JOHANNES
              ; VAN ZYL, ARNOLD ; SCHMID, ERWIN: The impact of the EU car CO_2
              regulation on the energy system and the role of electro-mobility to
              achieve transport decarbonisation. In: *Energy Policy* Bd. 96 (2016)

[TsWL13]   TSENG, HUI-KUAN ; WU, JY S. ; LIU, XIAOSHUAI: Affordability of electric
              vehicles for a sustainable transport system: An economic and
              environmental analysis. In: *Energy Policy* Bd. 61 (2013)

[ZTBM12]   ZUBARYEVA, ALYONA ; THIEL, CHRISTIAN ; BARBONE, ENRICO ;
              MERCIER, ARNAUD: Assessing factors for the identification of potential
              lead markets for electrified vehicles in Europe: Expert opinion elicitation.
              In: *Technological Forecasting and Social Change* Bd. 79, Elsevier Inc.
              (2012)

BEI GRIN MACHT SICH IHR WISSEN BEZAHLT

- Wir veröffentlichen Ihre Hausarbeit,
  Bachelor- und Masterarbeit

- Ihr eigenes eBook und Buch -
  weltweit in allen wichtigen Shops

- Verdienen Sie an jedem Verkauf

Jetzt bei www.GRIN.com hochladen
und kostenlos publizieren